ちくま文庫

クマのプーさん　エチケット・ブック

A.A.ミルン 原案
E.H.シェパード 絵
高橋早苗 訳

筑摩書房

目次

第1部

クマのプーさん　エチケット・ブック

POOH'S
ETIQUETTE

第1部

プーの礼儀作法

はじめに

たとえ、百町森のように親しみぶかく、いごこちのよい場所であっても、おつきあいの場面では、してよいこととわるいことがあります。しかも、ひじょうに頭のよいひとでさえ、その場にふさわしいふるまいがなかなかできない、ということがあるのです。

そこで、こんな本はいかがでしょう。これは、いろいろな場面での礼儀作法について教えてくれる、とてもちょうほうな本なのです。よその家を訪問したり、お客をもてなしたり、食事をしたり、手紙を書いたり、会話をしたり（または、しなかったり）するときのお手本を、プーとその友人たちがわかりやすく示してくれますから、よみかたのじょうずな読者のみなさんなら、おつきあいについて多くのことを学んでくださると思います。

礼儀作法というルールをとうに知っているひとにとっても、まだ知らないひとにとっても、百町森の生活のすぐれた点を知ることは、それ以外の世界でもおおいに役だつでしょうし、この本はいつしか、もっていると安心できるもの――クリストファー・ロビンならそういってくれそうです――になることでしょう。

――「さよう。」と、フクロはいいました。「そのような事態における慣習的処置といえばですね――」

「カシテキショウユって、なんのことですか?」と、プーはいいました。「といいますのは、ぼくは頭のわるいクマでして、むずかしいことばになると、弱ってしまうんです。」

「どうすればいいかというと、ということです。」

『クマのプーさん』

――「こんちは、フクロ。」と、プーはいいました。「ぼくたち、大いそぎで、お茶に――いや、あのね、フクロ、ごきげんいかが？　ぼくたち、きょうは木曜日だから、あなたのごきげんどうかと思ってきたんです。」

「おかけください、プー。おかけください、コブタ。」しんせつな調子で、フクロはいいました。「どうぞおらくに。」

ふたりは、フクロにお礼をいって、できるだけ、らくにしました。

「あのね、フクロ、あの――」と、プーはいいました。「ぼくたち、大いそぎで、お茶に――いや、かえるまえに、あなたに会いたいと思ってきたんです。」

食事をすすめられたとき、礼儀ただしいお客は、なにを出されてもうれしそうな顔をします。お客が心から喜んでいるなら、なおけっこう。

——プーは、いつも午前十一時には、なにかひと口やるのが、すきでした。そこで、いま、ウサギが、お皿やお茶わんをとりだすのを見ると、たいへんうれしく思いました。それで、ウサギに、「パンには、ハチミツをつける？　それとも、コンデンス・ミルク？」と、いわれたときには、すっかり夢中になって、「りょうほう。」といってしまったのですが……

たずねたおうちの家事の手抜きについて、あれこれいってはいけません。ゆかにキノコがはえているような気がしても、です。

早めにおいとましたければ、相手の気もちを傷つけないように、そのの理由を告げるのが思いやりというものです。それが、信じるにたる理由であれば、いうことはありません。

──「ぼく、ちょっとね、思いだしたことがあると思うんだ。ちょっと、きのう、やりわすれてね、あしたじゃ、間にあわないことを思いだしたんだ……。」

「それ、おひるすぎにしようよ。そうすれば、ぼくも、いっしょにいくから。」と、プーがいいました。

「おひるすぎには、やれないようなことなんだよ。」と、コブタは大いそぎでいいました。「とっても特別の朝仕事なんだもの。朝のうちにしなくちゃいけなくて、できれば、時間も──きみ、いまなん時だと思う？」

「十二時ごろだろ。」プーは、お日さまを見あげて、いいました。

「いまいってたようにね、時間も十二時と十二時五分すぎのあいだにしなくちゃだめなんだ。だからねえ、プーくん、ほんとにきみのほうにおさしつかえなければ
──」

おいとまするときには、ていねいにお礼をいい、かえったらすぐにお礼の手紙を書きましょう。これは、じゅうぶん礼儀にかなっているだけでなく、無事にかえり着いたことを相手に知らせるのにも役だちます。

――「うちへかえっちゃったんだろ。」と、クリストファー・ロビンは、ウサギにいいました。

「チビのやつ、あなたに、『ありがとう、おもしろうございました。』っていいましたか？」と、ウサギはいいました。

「ただ『ごきげんよう。』っていっただけさ。」

「はッ！」と、ウサギはいいました。それからすこしかんがえて、「あとから、『たいへんおもしろうございました。あんなにいそいでおいとまして、残念でした。』と、手紙をよこしましたか？」

クリストファー・ロビンは、「いや、よこさなかったようだ。」といいました。

「はッ！」と、ウサギはまたいって、とてもえらそうな顔をしました。「これは重大事件だ。」

テーブルマナー

食事の時間には、すわる場所に気をつけましょう。あなたがすわっているその場所は、ひょっとして、だれかのおひるごはんかもしれないのです。

――イーヨーは、いつものいんきなようすで、あたりを見まわすと、

「まさか、だれか、アザミの上へすわっとる者はあるまいな。」

「どうも、ぼく、そうらしい。」と、プーはいいました。「あ、いたい！」そして立ちあがると、うしろをふりかえって、「やっぱりそうだった。どうもそうだと思ったよ。」

「プーさんや、ありがとう。もうおまえさん、アザミにご用がないならば。」

そして、イーヨーは、プーの場所までいって、たべはじめました。

「上へのったからといってな、みなさんや、アザミのためにいいということはないのでな。」イーヨーはモグモグたべながら、こんなことをいいました。「すっかりいきがわるくなってしまうわ。」

テーブルにじぶんの席がないときは、親せき友人一同といっしょに、近くの草の上にすわりましょう。楽しみにまっていれば、だれかがなにかおとしてくれるかもしれません。

お客にいった先のテーブル・セッティングが気にいらなくても、ならべなおしたりするのはよしましょう。

――トラーがいいました。

「ちょっとしつれい。きみのテーブルの上へ、なにかはいあがってる。」

そして、ひと声ふとく、ウォラウォラウォラウォラとさけんだと思うと、テーブルかけのすみへとびついてゆきました。それから、テーブルかけをひきずりおろし、三度ばかり、じぶんのからだをそれにつつんで、部屋のすみまでころがってゆき、どたばたどたばた、あばれたあげくに、また頭をあかるいところにつきだすと、元気な声で、

「ぼく、勝った？」とききました。

見なれない料理を出されたら、くわずぎらいをしないで、ためしてみましょう。もしかしたら、それがいちばんの好物になるかもしれません。（そうじゃないかもしれませんが。）

――プーは、そのきれをテーブルにかけ、その上へ大きなハチミツのつぼをのせて、さて、ふたりは朝ごはんをたべはじめました。ところが、たべはじめるが早いか、ひと口大きく、あんぐりとやったトラーは……首をかしげて天井を見あげ、舌でさぐりをいれるような音をだし、じっくりかんがえこむような音をだして、いったいこれはなんじゃいなというような音をだし……ていたかと思うと、とてもはっきりいいました。

「トラーは、ハチミツはきらいだよ。」

他人の強壮剤《きょうそうざい》をごくごく飲んでしまうのは、エチケットに反します――もちろん、そのひとが強壮剤なんかきらいだというなら、話はべつですが。

たべものをほおばったまましゃべるのも、無作法な――そして、たいていの場合、見ぐるしい――ことです。

――カンガはルーに、「ミルクをさきに飲んで、おはなしは、あとよ。」と、いっていました。で、ミルクを飲みかけていたルーは、飲んだり、話したり、いちどにできるといいかけ……ながいあいだかかって、背なかをたたいたり、ふいたりしてもらわなければなりませんでした。

おなかいっぱいたべることは、料理をつくってくれたひとにたいする礼儀です。ただし、食事にばかり気がいって、いっしょにたべている友人はそっちのけ、なんてそぶりは見せないように。

――プーは……ウサギに、「パンには、ハチミツをつける？　それともコンデンス・ミルク？」と、いわれたときには、すっかり夢中になって、「りょうほう。」といってしまったのですが、あんまりくいしんぼうに見えるといけないので、「でも、どうか、パンなんかには、おかまいなく。」と、つけたしておきました。それから、プーは、ながいこと、なんにもいいませんでした……が、やがて、なんだか、ねばねばした声で、鼻歌をうたいながら立ちあがると、ウサギの前足を、あいそよくにぎり、おいとましなくちゃ、といいました。

でも、あまりたくさんたべすぎないでください。食事がすんでかえるとき、戸口にはさまって出られなくなります。

――「つまり、」と、ウサギはいいました。

「きみは、つまっちゃったんだ。」

「それってえのも、」と、プーは、プンプンしていいました。「玄関をちゃんと大きくしておかないのが、いけないいんじゃないか。」

「それってえのも、」と、ウサギもきびしい調子でいいました。「たべすぎるのが、いけないいんじゃないか。ぼくは、あのとき思ったんだ。でも、いいたくないから、いわなかったけど、ぼくたちのうち、だれかひとりが、たべすぎたんだ。ぼくは知ってたけど、それはぼくじゃなかったんだ。」

おもてなし

ひとをまねいて楽しむときは、戸たたきと呼《よ》び鈴《りん》の引きひものりょうほうを用意して、歓迎《かんげい》ムードをもりあげましょう。

でも、とてもちいさな友人がたずねてきたときのために、戸たたきはドアのずっと下のほうにとりつけておきましょう。

――「あ、こんちは、コブタ。」と、プーがいうと、

「ああ、こんちは、プー。」と、コブタもいいました。

「きみ、なにしてんの？」

「戸をたたこうと思ってね。いま、きたとこ。」

「じゃ、ぼくがたたいてあげよう。」

プーは、こうしんせつにいうと、手をのばして戸をたたきました。

……「でも、プー。」と、コブタがいいました。「これ、きみの家だよ。」

「なんだ！」と、プーはいいました。「そうだった。ま、はいろう。」

夜になって、不意のお客さんがみえたら、食事とベッドを用意してあげるのが礼儀です。とはいえ、じぶんのベッドをかす必要はありません。お客さんのおかげでおこされてしまったのであれば、なおさらです。

――「じゃ、ともかくね、いまは夜なかでしょう？　夜なかは、寝るべきときなんです。そして、あしたの朝になったら、ぼくたち、ハチミツで朝ごはんにしましょう。トラーって、ハチミツすきですか？」

「なんだってすきだよ。」トラーは、元気にいいました。

「じゃ、ゆかの上に寝るのもすきですね？　なら、ぼくは、しつれいしてベッドに寝ることにしよう。」

何日も滞在《たいざい》しているお客さんに、ていねいにお願いして、家のことで手を（あるいは前足を）かしてもらうのは、けっしていけないことではありません。

――「本をよんであげるよね。」ウサギは、上きげんでいいました。そして、「雪がふらないと、いいがなあ。」と、いいたしてから、「それから、ねえ、きみは、ぼくんちのなかで、かなりの場所をふさいじゃってるんでねえ――きみの後ろ足、タオルかけにつかわしてもらっちゃいけないかしら。だって、ほら、ああいうふうにさ――なんにもしないで――つったってるんだろ？　タオルかけるのに、とてもべんりだと思うんだよ。」

もてなしじょうずなひととは、家にあるもののなかで、いちばんおいしいものをお客さんにすすめます。たとえ、べつの機会のためにとっておいたものであっても。

――イーヨーは、とてもとてもアザミのもじゃもじゃはえている場所へ、みんなを案内してゆくと、前足をそっちのほうへふって見せました。

「わしの誕生日にと、とっといた畑じゃが……けっきょく、誕生日とは、なんじゃい？　きょう、ここにきたと思えば、あすはもうゆく。おたべなさいや、トラーさん。」

❧あなたの好物が、お客さんの好みにあわなかったときは、いかにも残念そうな顔をしましょう。

❧お客さんの好みがよくわからないときは、自由にえらんでたべてもらうのがしんせつなやりかたです。

――カンガは、とてもしんせつに、「じゃ、トラーちゃん、すきなものがあるかどうか、お戸棚をさがしてごらん。」といいました。

「ぼくもさがしましょうか？」と、ちょっと十一時っぽい気もちになりかけていたプーはいいました。

そして、プーは、コンデンス・ミルクの小さいかんを見つけたのですが、なんとはなしに、トラーはそんなものがすきではないという気がしたので、そのかんを、部屋のすみにもっていき、そして、だれもかんのじゃまをしないように、じぶんもかんのそばについていました。

食事がおわりに近づいたら、お客さんに、おかわりはいかがですかときくのが礼儀です。でも、おかわりの分がちゃんとあるかどうか、最初にたしかめておいたほうがいいですよ。

お客さんがかえりじたくをはじめたら、なごりおしそうにしましょう。ただし、いつまでもかえる気配がないときは、それとなく、かえるきっかけをつくってあげるとよいでしょう。

――「おや、もう？」ウサギは、礼儀ただしく、こういいました。

「そうね。」と、プーはいって、いっしょうけんめい、たべ物おき場のほうを見ながら……「なんなら、もうすこしいてもいいんだけれど――もし、あの――もし、きみが――」

「じつは、」と、ウサギもいいました。「ぼくも、まもなく、出かけるところなんだ。」

もてなし上手なひとは、たずねてきてよかった、またぜひたずねてこよう、と思わせてくれるものです。

――「そして、きゅうにだれかの家へとびこむとするだろ？　すると、そのだれかが、『やァ、プー、ちょうどいいとこ。いまお茶がはいるんだ。』っていってね、それで、お茶がはいるのさ。ぼくが、『仲よし日より』っていうのは、そういう日なんだぜ。」

会話

友人や知人とばったり出会ったときは、ごきげんいかがですか、というのが礼儀です。ただし、相手の返事もまじめにきいてあげましょう。

――「それで、あなたのごきげんは、いかがです？」と、プーはいいました。

イーヨーは、首を横にふりました。

「あんまりいかがじゃなくてな。」と、イーヨーはいいました。「もうよほどながいこと、いかがという気はしたことがなくてな。」

天気は、会話のきっかけにふさわしい話題です。天気というのは、よかろうとわるかろうと、みんなの関心の的《まと》なのですから。

――「まだ、雪はふっとります。」イーヨーが、しめっぽい調子でいいました。

「ああ、ふってるね。」

「それに、こおっとります。」

「そう？」

「そうですとも、」と、イーヨーはいいました。それから、「しかしながら、」と、いって、ちょっとほがらかになると、「さいきん、地震はありませんかったな。」

たいていのひとは、気のきいた会話のできるひとや、「おひるごはんたべる?」といった、みじかくてわかりやすいことばづかいをするひとを話し相手にしたがるものです。

たとえ世間話でも、相手にわかるようなことばづかいをしましょう。

――「最近、大気的状況は思わしくありませんでした。」と、フクロはいいました。

「最近、タイなんだって？」

「ずいぶんふりつづきましたね。」フクロは説明しました。

「ああ、ふりつづいたね。」

「水量は、未曾有《みぞう》の多きに達しました。」

「スイだれだって？」

「ずいぶん水が出ましたね。」フクロが説明しました。

ひとと話していると、家族のことがよく話題になります。でも、わすれないでください。その話題に興味を示してくれるのは、たぶん、親しい友人や親類だけでしょうから。

じぶんにとっておもしろい話題だからといって、かならずしも他人がおもしろがってくれるとはかぎりません。ふだんから気をつけましょう。

――ルーは川の水で顔と手を洗っていましたが、それを見てカンガは、とてもとくいそうに、ルーがじぶんで顔を洗うのは、これがはじめてだと、みんなに話していました。それから、フクロは、百科大辞典だの石南《しゃくな》花《げ》科植物などという、たいへんむずかしいことばのたくさん出てくる、たいへんおもしろい逸話《いつわ》を、カンガにきかしていましたが、カンガは、その話をきいていませんでした。

相手が退屈するような話題についてながながとしゃべるのは、無作法なだけでなく、場合によっては危険です。

――フクロが……かってなにかのまちがいでカモメの卵をだいたというおばさんについて、ひじょうにながい話をしてくれたのですが、その話というのが、なんだかこの文章のように、だらだら、だらだらとつづいたものですから、とうとう、あまり希望もなくなって、窓べで話をきいていたコブタは、とうぜん、しずかに寝いってしまい、だんだん水のほうへのりだしていって、ついに、足のつまさきだけで、窓へひっかかったその瞬間、さいわいなことに、とつぜん、フクロが、これもその話のなかのことなんですが、おばさんのことばだといって、「ギャオギャオ」という大声をだしたものですから、コブタは、ハッと目をさますと、グッと身をひき、「まあ、おもしろいこと、そうなんですか。」と、いうことができたというそのとき――

とてもこわいゾゾと出会ってしまったときは、なにも話さないのがいちばんです。ゾゾが「おうい！」といったら、鼻歌でもうたっていましょう。

ちょっとした会話や雑談をいとわない、または、それができるひとばかりとはかぎりません。

――「おはよう、イーヨー。」と、プーがいうと、
「プーさんかい、おはよう。」イーヨーは、しめっぽい声でいいました。それから
「おはやいならばさ。」と、いって、「だが、どうかと思うよ。」と、いいました。

ほんとうに話し好きなひとは、みじかくても楽しいおしゃべりが、いみぶかい議論とおなじくらいたいせつだということを知っています。

――「やりとりということがない。」と、イーヨーはつづけました。「意見の交換ということがない。『やァ――なに』――つまりな、これじゃ、どうにもならんじゃないか。ことに、話の終わりの部分は、相手のしっぽをチラと見るばかりというのではなァ？」

親友といっしょのときは、なにか話さなきゃ、なんて気をつかわなくてすむので、ありがたいですね。親友どうしなら、なにを話したって――また、なにも話さなくたって――くつろいだ気分になれるものです。

――（プーとコブタは）仲よくあれやこれやについて話しはじめました。そして、コブタが「つまり、ぼくのいういみはね、プー。」というと、プーが「コブタ、ぼくのかんがえもそのとおりさ。」といって、コブタが「だけども、プー、またいっぽうには、こういうこともね。」というと、プーが「そのとおり、ぼく、ちょっと、そのことわすれてたけどさ。」などといったりしました。

手紙を書く

手紙なんか必要ないし、めんどうくさい、と思っているひとも世のなかにはいます。

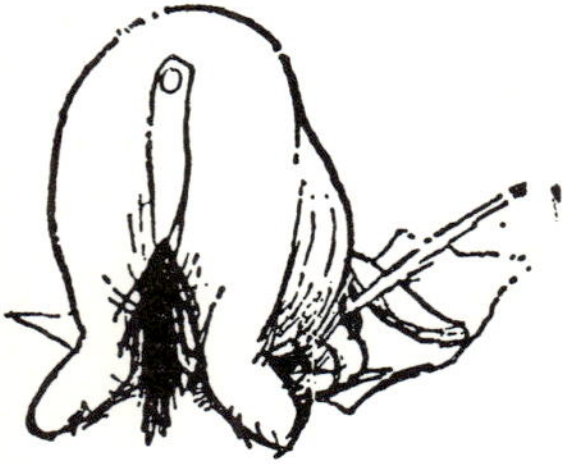

――イーヨーは、こんなひとりごとをいっていました。

「この、字を書くという一件さ。やれ、えんぴつじゃ、やれ、なんじゃ……やりすぎとる、というのが、わしの意見じゃ。たわけとる。なんの役にもたちゃせん。」

百町森でも、それ以外の場所でも、ちゃんとした手紙の書きかたを知っているひとは、とても尊敬され、みんなからたよりにされます。

――そういって、フクロは、書きました、こんなふうに……

おたじゃうひ　たじゅやひ　おたんうよひ　おやわい　およわい

プーは、ほれぼれと、それを見物しました。

「なに、ちょっとお誕生日御祝いと書いただけのことです。」と、フクロは、なんでもなげにいいました。

「とってもながくて、りっぱだ。」と、プーはすっかり感心して、いいました。

ちょっと出かけたいのだけれど、だれかたずねてきそうなときは、ドアにつぎのようなはり紙をしておくのが、かしこく、しんせつなやりかたです。「がいしつ、いすがし、すぎかえる」

手紙は、重要な情報をつたえるのにうってつけです。それがいそぎの用件だったのなら、あとで、くわしい事情をじかに説明したほうがよいでしょう。

――プーの玄関の戸の下に、「ぼくはフクロんちおすがす　きみもすがせウサギ」という、ふしぎない、い、てまみがおいてありました。プーがなんのことかとかんがえていると、そこへウサギがやってきて、よんでくれました。

「ぼくは、ほかの者んとこへも全部だしてね。」と、ウサギはいいました。「よんで歩いてるんだ。」

手もとにびんをひとつおいておけば、まわりを水にかこまれるという事態になっても、手紙をだすことができます。

手紙を書くことは、おつきあいのためのたいせつなテクニックですが、それだけではありません。手紙のおかげで、いのちびろいすることだってあるのですから。

――コブタは……とうとう一本のえんぴつと、小さい、かわいた紙きれと、コルクのついたびんをひとつ、見つけだしました。

そこで、紙の片がわへは、

たすけてください！
コプタ（ぼく）

と書き、その裏がわへは、

ぽくてすコプタてす
たすけてたすけて！

と書きました。

✿どんな手紙も、簡潔明瞭《かんけつめいりょう》に書くように心がけましょう。そうしないと、相手は、だれかよみかたのじょうずなひとにたのんで解読してもらうはめになるかもしれません。

✿それが単なる「てまみ」でも、重要な「きつぎぶん」でも、書きおわったら、まちがいがないかどうかチェックして、必要なら書きなおしましょう。手紙がきちんと書けていれば、あなたの株もあがります。

――ウサギは……頭をしぼって、つぎのような回覧板を書きました。

「かいらんばんプーよこちょのいえにきつぎぶんつうかのけんでぜんいんしうごさそくつうこのことウサギ」

ウサギは、どうも「きつぎぶん」という字が、書きはじめるまえかんがえていたのとは、ちがったようすになってしまうので、二、三度、この回覧板を書きなおさなくてはなりませんでした。

じぶん専用のサインを考案してはどうでしょう。なくてはならないものではありませんが、手紙にちょっと、あなたらしさをそえるのにいいですよ。

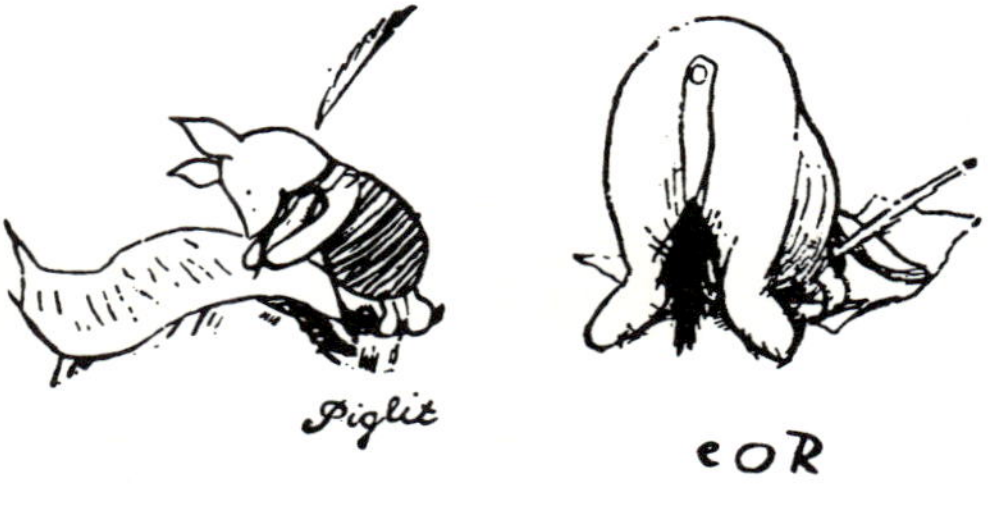

エチケット豆知識いろいろ

騎士《ナイト》にしてもらったときには、「ありがとう」というのが礼儀です。

拍手をもらったときには――それがタイミングのおくれた拍手でも――「ありがとう」といいましょう。

――「だれでも拍手するなら、」

と、よみおわったイーヨーがいいました。「いまのうち

じゃ。」

みんなが拍手しました。

「ありがとう。」と、イーヨーがいいました。「少々熱意にかけたるところありとはいえ、思いがけぬご厚意。」

お茶に近いものをごちそうになったあとで、ちゃんとしたお茶をごちそうになるのは、いっこうにかまいません。お茶に近いものというのは、あとになって、のんだりたべたりしたことをわすれてしまうものなのですから。

ひとにものをたのむときに、「お願いします」とか「すみませんが」といったことばをそえることは、礼儀にかなっているだけでなく、良識のあらわれでもあります。けっきょく、ていねいにたのめば、ききいれてもらいやすいということです。

――「きみ、すまないけどね、ぼくによりかかっててくれない？　だって、ぼく、うんとひっぱると、ひっくりかえっちゃうんだもの。」

プーは、腰をおろすと、足を地面にめりこませて、うんとクリストファー・ロビンの背なかを押しました。するとクリストファー・ロビンのほうでも、うんとプーを押し、グングン、くつをひっぱったので、とうとう、くつははけました。

せきをするときには、口をおおいましょう。そうしないと、だれかをうっかり川のなかにはねとばしてしまうかもしれません。

だれかの気もち——または、どこかほかの部分——を傷つけてしまったら、「ごめんなさい」のひとことをわすれずに。

――きみは、風船をようくねらってうった。すると、「あ、いたッ！」と、プーがいったから、「あたらなかった？」と、きくと、

「ぜんぜん、あたらなかったわけじゃないけど……風船にはあたらなかった。」

「ごめんね。」と、きみはいって、もういちど、うったんだ。すると、こんどは風船にあたって、空気がスーと出たものだから、プーは、しずかに地面におりてきました。

誕生日をむかえたひとに、「いつまでもお元気で」といってあげるのは、礼儀にかなっています。プレゼント——たとえば、ハチミツをいれるたいへんちょうほうなつぼなど——は、ふつう、なくてもかまいませんが、あればとても喜ばれます。

よばれもしないのに、探検隊にくっついていくなんて、ほんとうはルール違反です。それでもくっついていくなら、じぶんの食料をもっていきましょう。そして、ほかのひとたちのじゃまにならないようにしましょう。

――まず、先頭に、クリストファー・ロビンとウサギがきて、それから、コブタとプー、それから、ポケットにルーをいれたカンガとフクロ、それから、イーヨー、それから、いちばんびりに、ウサギの親せき友人一同の大行列。

「よんだわけじゃないんだ。」ウサギがかるく、こう説明しました。「かってにやってきたのさ。いつもそうなんだ。いちばんびりにくっついてくればいいさね。イーヨーのあとから。」

「他人にたいするほんのすこしの思慮《しりよ》、ほんのすこしの気づかいで、すべてが大きくちがってくる。」それをわすれずにいることが、礼儀作法のひけつです。

POOH'S INSTRUCTION

第2部

じゅうようなたしなみについて

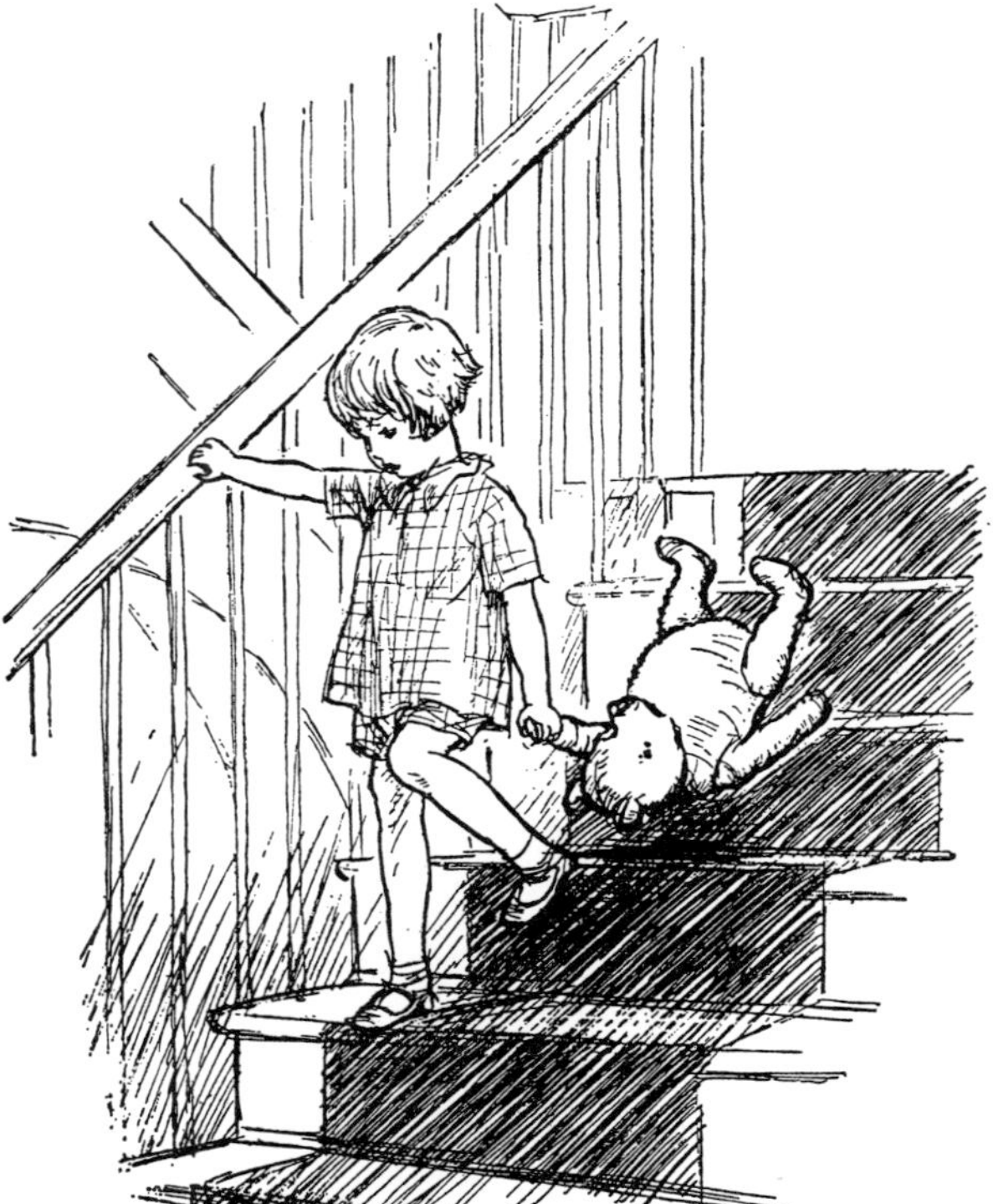

頭のうしろをバタン、バタン、バタンとぶつけずに階段をおりるにはどうすればいいのか、できればかんがえてみましょう。

とても頭のわるいクマと話しているとき、むずかしいことばをつかうと、クマがこまってしまうかもしれないので、気をつけましょう。

なにか冒険がはじまるな、と思ったら、「なんでもこい」という
ところを見せるために、鼻の頭についたミツをはらいおとして、で
きるだけシャンとしましょう。

北極《ノース・ポール》発見のための探検にのりだすときは、北極《ノース・ポール》がどんなかたちのものだか知っているひとといっしょでなければいけません。（それはきっと、地面に立っている棒《ポール》にちがいないのですが。）

捜索《そうさく》をはじめるときは、さがすまえに、じぶんのさがしているものがなにかということを、だれかにきいておいたほうがいいでしょう。

奇襲《きしゅう》がありそうな危険地帯では、とりわけ慎重《しんちょう》に行動しましょう。奇襲とは、木の仲間ではなくて、一種の不意打ちのことです。でも、とげだらけのハリエニシダの木だって、ときには不意打ちをしますよね。

なにかを追跡してカラマツの林を歩きまわっているときには、じぶんの追いかけているものがじぶんの足跡でないことをたしかめましょう。

探検にのりだすときは、食料——もっと正確にいえば、たべるもの——をもっていきましょう。

足もとにはいつも気をつけてください。そうしないと、なにかのまちがいで森がからっぽになっているところをふんでしまうかもしれません。

だいすきなひとが戸口にはさまってしまい、ぬけだせるくらいにやせるのをまたなければならないときは、そのひとの助けとなり、なぐさめとなるような、力のつく本をよんであげましょう。

家にかえろうとしているのに、砂掘り場しか見つからないときは、今度はここにかえってこようと思ってみましょう。すると、砂掘り場にはかえってこられなくなるので、好都合です。なぜって、そうすれば、あなたのさがしていないものが見つかって、それがじつは、さがしていたものだったということになるかもしれませんから。

おふろなんてちっともすきではないのに、だれかにいれられて、からだの色がすっかり変わってしまったら、どろんこ道をころげながらかえって、着なれた色をとりもどせばよいのです。

ボートというのは、場合によってはボートなのですが、場合によってはとてもおかしなことになってしまいます。それは、あなたが上になるか、下になるかによりけりなんです。

だれかの上におっこちてしまったとき、そんなつもりはなかったんだよ、というだけではことばがたりません。なにしろ、相手だって下になるつもりはなかったでしょうから。

トラーにおんぶして木にのぼるときは、トラーがおりかたを知っているかどうか、たしかめてからにしましょう。

川のすべりやすい土手に立っているときには、用心してください。だれかにうしろから派手にはねとばされたら、まちがいなくすべってしまいます。

とてもはねっかえりの動物にあいさつされると、耳のなかに砂がつまってしまうことがよくあります。

トラーは木のぼりができます。もちろん、のぼればまたおりるのですが、それはむずかしいんです。おっこちてしまえば、それは……やさしいんですけどね。

大きな動物だからといって、世話をやいてやらなくていいというわけではありません。どんなに大きく見えようが、トラーはまだ、ちいさなルーとおなじくらい、世話をやいてやる必要があるのです。わすれないでくださいね。

「用があろうと、またなかろうと、じぶんの親せき、友人がどこにいるかを知っておくことは、いいことなんだ」――ウサギ

居留守をつかおうと思ったら、「だれかいますか?」といわれて、「いませんよ!」と大声でへんじをしてはいけません。

玄関につける鈴ひもを新しくするときは、それがだれかのしっぽでないことを確認してからにしましょう。

PLEZ CNOKE
IF AN RNSR
IS NOT REQID

アザミの上にはすわらないように。すっかりいきがわるくなってしまいますし、だれかがおひるごはんにたべようと思っているかもしれませんから。

森でイーヨーに出会ったとき、いつもよりずっとおちこんでいるように見えたら、おしりにしっぽがついているかどうか、たしかめてみましょう。なくなっているかもしれません。

しっぽは、しっぽだということをおわすれなく。うしろにくっついている、ただの「おまけ」ではないのです。

森のかたすみにじっとして、だれかがたずねてきてくれるのをまっているだけではいけません。たまには、じぶんから出かけていきましょう。

気がむいたときには、いつでも、だれの家でもいいからたずねていきましょう。相手に「いやんなっちゃう」といわれたら、またもどってくればいいのです。

「だれだって、風船もらって、不元気になるひとなんてないぜ。」――プー

両手を見て、どちらが右手なのかがきまったら、すぐ、もうかたほうは左手だと思ってまちがいありません。

「プー棒投げ」に勝つひけつは、ひねりをきかせて棒を投げることです。

川におちたとき、上から大きな石をおとされて、その波で岸に打ちあげてもらっても、感謝するひとばかりとはかぎりません。

あなたの家が、まるで吹きたおされた木のように見えたら、それは、新しい家をさがすときがきたということです。

「ときによっては、ひとの家をすっかりぬすみ終えますと、一つ二つ、じぶんの気にいらんものが出てきよって、かえって、もとの持ち主がとりかえしてくれりゃいいがと、思うようなこともありますもんじゃ」――イーヨー

新しい住人がどうやってここにやってきたのか、とだれかにきかれて、こたえにこまったときは、「いつものようにですよ。おわかりでしょうけどね」といっておきましょう。

「だれだって、『火曜日』なんて字を、たとえまちがってるにせよ、とにかく書ける者を、尊敬しないわけにいかないじゃないか。」——ウサギ

「だれもが、できるというものでもなしな。じぶんで、やらん者だってあるのさ。それだけの話さ。」

――イーヨー

おぼえておきましょう。すくなくとも、イーヨーにとって、Aという字は、学問のことであり、教育のことであり、また、プーとコブタがもっていないもののことなのです。

「字を書くなんてことは、すべてじゃない。『火曜日』なんて字が書けたって、ぜんぜん、意味ないときだってあるんだ。」——ウサギ

風船につかまってハチミツをとりにいくときは、さがしているハチが正しい種類であることをたしかめてからにしましょう。

「風船でハチミツをとるにはね、ハチミツをとりにきたってことを、ミツバチに知られないようにするのが、だいじなことなんです。」――プー

戸棚にハチミツのつぼがいくつあるか、いつもしらべておきましょう。「ハチミツのつぼが、まだ十四のこっている」といえるのは、うれしいことです。場合によっては、まだ十五のこっている、とね。

友だちの誕生日にプレゼントしようと思っていたハチミツをたべてしまったら、ハチミツのつぼを洗って、だれかに「誕生日おめでとう」と書いてもらい、それをプレゼントしましょう。

ハチミツをたべるのはとてもしあわせなことですが、もっとしあわせなのは、たべはじめるまえの一瞬です。

ドングリをまけば、大きなカシの木になります。だからといって、ミツバチの巣をまいても、大きなミツバチの巣にはなりません。

きょう、晴れたからといって、べつにどうということはありません。あしたは、あられがたくさんふるかもしれないし――雪や嵐になるかもしれないのですから。

雪のなかでうたう特別な「外あるきの歌」は、家にはいらないで練習しましょう。

歌にもっと調子をつけたいと思ったら、歌詞に「ポコポン」をつけてみましょう。

「詩とか歌とかってものは、こっちでつかむものじゃなくて、むこうでこっちをつかむものなんだ。だから、ぼくらは、むこうでこっちを見つけてくれるところへ出かけるくらいのことっきり、できやしないんだ。」

――プー

まさかと思うでしょうが、詩のかきだしを「ああ、いさましきコブタ」とするのは、なかなか気のきいたやりかたですので、おぼえておいてください。

ひとをさがすときは、それが、親せき友人のうちでも鼻のさきにとまるようなものなのか、あるいは、まちがってふんづけてしまうようなものなのかということを、はっきりさせておくのが肝心です。

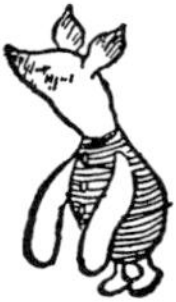

「でも、とっても小さい動物になってみたまえ。いさましくなろうったって、むずかしいから。」——コブタ

友だちの家にいって、ちょうどなにかひと口やる時間になったら、ものほしそうな目つきで、食器棚のほうをながめてみましょう。

フクロと話をするときは、話題に気をつけましょう。彼らは、桃色の砂糖のかかっているケーキなんてものの話をすることは、じぶんの体面にかかわると思っているのです。

午前中のおそい時間がめぐってきて、なんだかおちつかない感じがしても、心配はいりません。そういうときは、ちょっと十一時っぽい気分になりかけているだけなんです。

お茶に近いもの――あとで、たべたりのんだりしたことをわすれてしまうもの――より、ちゃんとしたお茶のほうがずっとありがたいものです。

こちらの話を相手がきいていないように見えても、じっとがまんしましょう。相手の耳に小さいごみがはいってしまっただけかもしれませんから。

かんがえることをしないひとは、たぶん、脳みそがないんです。それどころか、まちがって、うす黒いみそなんかをつめこまれているんでしょう。

じぶんがとても頭のわるいクマだったとしましょう。そうなると、なにかをかんがえついたとしても、そのかんがえが、じぶんの頭にあるうちは、じつにすばらしいものに思えるのに、いったんあかるみにもちだされて、他人にながめられてみると、まったくちがうものになってしまうことがあるのです。

❧朝おきたとき、一番はじめにかんがえるのが、「朝ごはんは、なににしよう」ということであろうと、「きょうは、どんなすばらしいことがあるだろう」ということであろうと、つまりはおなじことなんです。

❧洪水《こうずい》のようなハラハラするできごとも、だれかといっしょにあうのでなければ、それほどおもしろいものではありません。

「ふたりだと、ずっと心やすいんだもの。」——コブタ

風のなかをなんキロも歩いていって、きゅうにだれかの家に立ちよると、そのだれかが「ちょうどよかった。いまお茶がはいるんだ」といってくれる。そんな日を「仲よし日より」といいます。

脳みそのある、頭のいいひとたちというのは、じつは、なにもわかっていなかったりするものです。

橋のいちばん下の横木にのって、からだをのりだし、ゆっくり流れていく川をながめていると、わからなければならないことがきゅうになにもかもわかってしまう、なんてこともあるでしょう。

川はちゃんと知っています。いそぐことはない、いつかは着くべきところに着くってことを。

なにもしないでいること——ただ歩きながら、きこえない音に耳をすまし、なにも思いわずらったりしないこと。そのたいせつさをみくびってはいけません。

解説　もうひとつの賢明！

浅生ハルミン

うまくいかないことがあって、誰かに話を聞いてもらうとき、どんな言葉を掛けられたいかという話を男友だちとしたことがありました。

そのひとは、「自分と同じフィールドにいるひとに慰められてもだめ」と言うので、うんうん、わかる、同情されているうちに自分がだんだんみじめになってくるよねと頷けば、「かといって、こうすればいいって正解を押し付けられるのもね。最後は自分の頭で考えたいわけ」と難しい顔をするのでした。

問題を解決したいのなら言われた通りにやってみればいいのでは？　と思うけど、友だちは、自分が抱える苦悩は「××すればいい」という通りいっぺんのやり方ではおさまらない特別なものなのだ、と言いたいようでした。それから「でもさ、うちの母ちゃんはすごいよ」と続けて話を始めました。

「よくわかんないんだけど、俺の部屋に延長コードがいっぱいあったわけ。いつか使うからとっておくか、捨てても問題ないか悩んでずっと部屋に放置してたら、ある日コードがなくなってた」

それで？

「母ちゃんが洗濯物干すのに使おうとしてた。丁度いいわって思ったんだろうね。もうこれでいいやって思った」

なーんだ。それでいいのか。延長コードが青空にゆれるのが目に浮かんで、私も笑ってしまいました。


この本の元になったA・A・ミルンの『クマのプーさん』が富士山だとすれば、『クマのプーさん　エチケット・ブック』は神社の境内にある富士塚のような、本体のエッセンスを凝縮させたもの。あるいはスピンオフとも言えましょう。そして興味深いのは、この本の「はじめに」の項に「いろいろな場面での礼儀作法について教えてくれる、とてもちょうほうな本なのです」というくだりがありますが、読んでみると私には、とても重宝なものだとは思えない、ということでした。

〝歌にもっと調子をつけたいと思ったら、歌詞に「ポコポン」をつけてみましょう〟

この教えは一体、どういう場面で役に立つのでしょうか。

〝友だちの家にいって、ちょうどなにかひと口やる時間になったら、ものほしそうな目つきで、食器棚のほうをながめてみましょう〟

ファムファタル志願のお嬢さんや可愛い動物ならまだしも、一般的な人間には高等テクニックすぎます。

読み進めるうち、ここまでなんの役にもたたないことが連なっていることを天晴れと思いはじめ、百町森というまるで毎日が休日のような空間の内側にいる、あの面白くて愛らしいプーさんの立ち居振る舞いが、ふわふわの綿菓子のようにたちあらわれました。

〝朝おきたとき、一番はじめにかんがえるのが、「朝ごはんは、なににしよう」ということであろうと、「きょうは、どんなすばらしいことがあるだろう」ということであろうと、つまりはおなじことなんです〟

複雑な言い回しを呈しながら、この「何も言っていなさ」は、もはや過激でもあります。もしかしたら一周まわって、ものすごく含蓄のある言葉なのかもしれないとすら思ってしまいます。山下清の貼り絵を玄人の芸術家たちの立場を揺るがすものとして紹介したのは式場隆三郎でしたが、プーの言葉もまた、大人のための人生訓として受け止めるひとがあるかもしれませんね。

「何も言っていなさ」は第二部の「じゅうようなたしなみについて」の項でさらに強度を増してゆきます。

〝トラーにおんぶして木にのぼるときは、トラーがおりかたを知っているかどうか、たしかめてからにしましょう〟

〝居留守をつかおうと思ったら、「だれかいますか？」といわれて、「いませんよ！」と大声でへんじをしてはいけません〟

何か重要なことを言っているような丁寧な言葉遣いであればあるほど、何も言っていないという無垢が、甘い蜜のように読むひとの内側に注がれるわけですが、果たしてこのエチケット・ブックと銘打たれた名言集は、世界的な稀代のぼんやりさん・プーの愛らしさを噛みしめるだけのものではなく、大人が、シリアスな場面に直面したときに、その状況をひっくり返す強さを持つものだと言えないでしょうか。先に書いた、こんがらがった延長コードを洗濯物干しにつかったお母さんのように、件《くだん》の男友だちを戦線離脱させてしまう強さです。それは、この本の目指すところが、

〝脳みそのある、頭のいいひとたちというのは、じつは、なにもわかっていなかったりするものです〟

という言葉に集約されているように思えました。プーは自称、頭のわるいクマだから、頭のいいひとと同じことはしない。困ったことが起きたら、みんなもヘンテコリンなやり方で切り抜けるといいよという意思の表明。これはもうひとつの賢明さのように思えます。そうだとしたら、プーはあなどれないクマです。私にはプーは愛らしいだけではなく、こわい誘いをするもののような気がしてきました。どうですかみなさん、プーを可愛いだけと言い切れます？　その〝可愛い〟の種類はどんなものだと思います？　癒しとかいって、プーと一緒に森についてゆくには覚悟が要りますよ？　毎日が休日であり、住人の一番の関心事はお天気についてであり、蜂蜜を鼻頭にのっけた、クマのぬいぐるみが主人公の森なのですから。

原案　A・A・ミルン
（Alan Alexander Milne）
1882年生まれ、1956年没。本書所収のE・H・シェパード（1879—1976）のイラストとともに成る『クマのプーさん』『プー横丁にたった家』であまりに有名なイギリスの作家。ほかの著書に『クマのプーさんとぼく』『クリストファー・ロビンのうた』『ぼくたちは幸福だった・ミルン自伝』『赤い館の秘密』などがある。

訳者　高橋早苗
（たかはし　さなえ）
東京都生まれ。翻訳家。訳書にジョン・ノーブル・ウィルフォード『火星に魅せられた人びと』（河出書房新社）、アリアーナ・S・ハフィントン『ピカソ—偽りの伝説』（草思社）、エレイン・スコット『ハッブル宇宙望遠鏡—150億光年のかなたへ』（筑摩書房）など。

＊本書は、A・A・ミルンとE・H・シェパードによる『クマのプーさん』、『プー横丁にたった家』およびそのキャラクターをもとに、メリッサ・ドーフマン・フランス（第1部）とジョーン・パワーズ（第2部）が制作したものです。カバー表記は権利者の要請により

ます。＊訳文の引用をご許可下さった、石井桃子氏（公益財団法人東京子ども図書館）と岩波書店のみなさまに感謝いたします。出典および本書収録頁は以下のとおりです。◎『クマのプーさん』より――本書　10、13、17、19、25、31、33、34―35、39、43、49、55、59、61、62―63、65、69、73、75、79、89、91、93、121、129、133、141、149頁　◎『プー横丁にたった家』より――本書　15、21、27、29、41、45、47、51、57、67、77、81、87、115、126、128、131、139頁

本書単行本は一九九九年十二月筑摩書房より刊行されました。

枝元なほみの料理がピッとうまくなる　枝元なほみ

煮物や酢の物の公式、調味料のワザなど料理のコツ満載。27のレシピ付。料理研究家になるまでの自伝も最新の活動まで収録。（伊藤比呂美）

間取りの手帖 remix　佐藤和歌子

世の中にこんな奇妙な部屋が存在するとは！ 間取りと一言コメント。文庫化に当たり、間取りとコラムを追加し著者自身が再編集。（南伸坊）

私の小裂たち　志村ふくみ

染織家・志村ふくみが、半世紀以上前から染めて織った布の端裂を貼りためたものと、仕事への思いあふれる文章で綴る、色と織の見本帳。

まど さん　阪田寛夫

童謡「ぞうさん」「やぎさんゆうびん」の詩人・まどみちお。詩人の奥深い魂の遍歴を追い求め、限りなく優しい詩の秘密を解き明かす感動の書。（谷悦子）

クラウド・コレクター〈手帖版〉　クラフト・エヴィング商會

得体の知れない機械、奇妙な譜面や小箱、酒の空壜……。不思議な国アゾットへの驚くべき旅行記。単行本版に加筆、イラスト満載の〈手帖版〉。

すぐそこの遠い場所　クラフト・エヴィング商會　坂本真典・写真

遊星オペラ劇場、星屑膏薬、夕方だけに走る小列車、雲母の本……。茫洋とした霧の中にあるような、懐かしい国アゾットの、永遠に未完の事典。

ないもの、あります　クラフト・エヴィング商會

堪忍袋の緒、舌鼓、大風呂敷……よく耳にするが、一度として現物を見たことがない物たちを取り寄せてお届けする。文庫化にあたり新商品を追加。

らくだこぶ書房21世紀古書目録　クラフト・エヴィング商會　坂本真典写真

ある日、未来の古書目録が届いた。注文してみると摩訶不思議な本が次々と目の前に現れた。想像力と創造力を駆使した奇書、待望の文庫版。

ねぼけ人生〈新装版〉　水木しげる

戦争で片腕を喪失、紙芝居・貸本漫画の時代と、波瀾万丈の人生を、楽天的に生きぬいてきた水木しげるの、面白くも哀しい半生記。（呉智英）

わたしのメルヘン散歩　矢川澄子

『ハイジ』や『若草物語』『アリス』など、珠玉のメルヘンを紡いだ作者たちの心をたずねて、みずみずしい感性で綴る世界のメルヘン案内。（荒俣宏）

オーランドー
ヴァージニア・ウルフ
杉山洋子訳

エリザベス女王お気に入りの美少年オーランドー、ある日目をさますと女になっていた——4世紀を駆ける万華鏡ファンタジー。（小谷真理）

ヴァージニア・ウルフ短篇集
ヴァージニア・ウルフ
西崎憲編訳

都会に暮らす孤独を寓話風に描く「ミス・Vの不思議な一件」をはじめ、ウルフの緻密で繊細な短篇作品17篇を新訳で収録。文庫オリジナル。

素粒子
ミシェル・ウエルベック
野崎歓訳

人類の孤独の極北にゆらめく絶望的な愛——二人の異父兄弟の人生をたどり、希薄で怠惰な現代の一面を描き上げた、鬼才ウエルベックの衝撃作。

キャッツ
T・S・エリオット
池田雅之訳

劇団四季の超ロングラン・ミュージカルの原作新訳版。あまのじゃく猫におちゃめ猫、猫の犯罪王に鉄道猫。15の物語とカラーさしえ14枚入り。

賢い血
フラナリー・オコナー
須山静夫訳

《キリストのいない教会》を説く軍隊帰りの青年——。南部の町を舞台にした真摯でグロテスクな生と死のコメディ。アメリカ文学史上の傑作。

フラナリー・オコナー全短篇（上）
フラナリー・オコナー
横山貞子訳

キリスト教を下敷きに、残酷さとユーモアのまじりあう独特の世界を描いた第一短篇集『善人はなかなかいない』を収録。個人全訳。（蜂飼耳）

フラナリー・オコナー全短篇（下）
フラナリー・オコナー
横山貞子訳

短篇の名手、F・オコナーの個人訳による全短篇。死後刊行の第二短篇集『すべて上昇するものは一点に集まる』と年譜、文庫版あとがきを収録。

高慢と偏見（上）
ジェイン・オースティン
中野康司訳

互いの高慢さから偏見を抱いて反発しあう知的な二人がやがて真実の愛にめざめてゆく……絶妙な展開で深い感動をよぶ英国恋愛小説の名作の新訳。

高慢と偏見（下）
ジェイン・オースティン
中野康司訳

互いの高慢からの偏見が解けはじめ、聡明な二人は急速に惹かれあってゆく……。あふれる笑いと絶妙の展開で読者を酔わせる英国恋愛小説の傑作。

エマ（上）
ジェイン・オースティン
中野康司訳

美人で陽気な良家の子女エマは縁結びに乗り出すが、見当違いから十七歳のハリエットの恋を引き裂くことに……。オースティンの傑作を新訳で。

エマ（下）
ジェイン・オースティン
中野康司訳
慎重と軽率、嫉妬と善意が相半ばする中、意外な結末がエマを待ち受ける。英国の平和な村を舞台にした笑いと涙の楽しいラブ・コメディー。

続 高慢と偏見
エマ・テナント
小野寺健訳
紆余曲折を経て青年貴族ダーシーと結婚したベネット家の次女エリザベスのその後の物語。絶妙なやりとりと意外な展開は正編に劣らぬ面白さ。

分別と多感
ジェイン・オースティン
中野康司訳
冷静な姉エリナーと、情熱的な妹マリアン。好対照をなす姉妹の結婚への道を描くオースティンの永遠の傑作。読みやすくなった新訳で初の文庫化。

説得
ジェイン・オースティン
中野康司訳
まわりの反対で婚約者と別れたアン。しかし八年後思いがけない再会が。繊細な恋心をしみじみと描くオースティン最晩年の傑作。読みやすい新訳。

ノーサンガー・アビー
ジェイン・オースティン
中野康司訳
17歳の少女キャサリンは、ノーサンガー・アビーに招待されて有頂天。でも勘違いからハプニングが……。オースティンの初期作品、新訳&初の文庫化！

マンスフィールド・パーク
ジェイン・オースティン
中野康司訳
伯母にいじめられながら育った内気なファニーはいつしかいとこのエドマンドに恋心を抱くが――。恋愛小説の達人オースティンの円熟期の作品。

エレンディラ
G・ガルシア＝マルケス
鼓直／木村榮一訳
大人のための残酷物語として書かれたといわれる中・短篇。「孤独と死」をモチーフに、大著『族長の秋』につらなるマルケスの真価を発揮した作品集。

カフカ・セレクション（全3巻）
フランツ・カフカ
平野嘉彦編
現代文学に衝撃を与え続けるカフカの中短篇のほぼすべてをテーマ別に編み、最良の訳者の新訳でおくる。'09年度日本翻訳家協会翻訳特別賞受賞。

カフカ・セレクションⅠ
フランツ・カフカ
平野嘉彦編
平野嘉彦訳
認知を逃れ去ってゆく不可思議な時空――万里の長城が築かれたとき／村の学校教師／村医者／あるたたかいの記 ほか、掌篇から中篇まで34篇。

カフカ・セレクションⅡ
フランツ・カフカ
平野嘉彦編
柴田翔訳
語りの魅惑を伝える新訳――狩人グラフス／ある断食芸人の話／判決／流刑地にて／巣造り／ブレッシアでの懸賞旅行 など26の中短篇。

カフカ・セレクションⅢ
フランツ・カフカ
平野嘉彦編
浅井健二郎訳

カフカの〈動物〉たち――オドラデク、「変身」の虫をはじめ、鼠、猫、犬、蛇、ジャッカルなどが登場する寓意にみちた中短篇。19篇を収める。

魔法の庭
イタロ・カルヴィーノ
和田忠彦訳

アルプスの自然を背景に、どこか奇妙な青年警官、若い犯罪者、無能の猟師など、大人社会の〈はみ出し者〉をユーモラスに、寓話的に描いた11篇。

カポーティ短篇集
T・カポーティ
河野一郎編訳

妻をなくした中年男の一日を、一抹の悲哀をこめ、ややユーモラスに描いた本邦初訳の「楽園の小道」他、選びぬかれた11篇。文庫オリジナル。

快読シェイクスピア 増補版
河合隼雄
松岡和子

シェイクスピアの作品にまつわる不思議や疑問について、臨床心理学者と全集翻訳家が謎解きに挑戦。未収録の四作品を増補した初心者もマニアも必読の書。

ギリシア悲劇（全4巻）

荒々しい神の正義、神意と人間性の調和、人間の激情と心理。三大悲劇詩人（アイスキュロス、ソポクレス、エウリピデス）の全作品を収録する。

ギリシア悲劇Ⅰ
アイスキュロス
高津春繁他訳

「縛られたプロメテウス」「ペルシア人」「アガメムノン」「供養する女たち」「テーバイ攻めの七将」ほか2篇を収める。（高津春繁）

ギリシア悲劇Ⅱ
ソポクレス
松平千秋他訳

「アイアス」「トラキスの女たち」「アンティゴネ」「エレクトラ」「オイディプス王」「ピロクテテス」「コロノスのオイディプス」を収録。（高津春繁）

ギリシア悲劇Ⅲ
エウリピデス
松平千秋他訳

「アルケスティス」「メデイア」「ヘラクレスの子供たち」「ヒッポリュトス」「アンドロマケ」「ヘカベ」「ヘラクレス」ほか3篇を収録。（松平千秋）

ギリシア悲劇Ⅳ
エウリピデス
松平千秋他訳

「エレクトラ」「タウリケのイピゲネイア」「ヘレネ」「フェニキアの女たち」「オレステス」「バッコスの信女」「キュクロプス」ほか2篇を収録。（付・年表／地図）

不思議の国のアリス
ルイス・キャロル
柳瀬尚紀訳

おなじみキャロルの傑作。子どもむけにおもねらず、ことば遊びを含んだ、透明感のある物語を原作の香気そのままに日本語に翻訳。（楠田枝里子）

謎の物語　紀田順一郎編

それから、どうなったのか――結末は霧のなか、謎は謎として残り解釈は読者に委ねられる。不思議な「謎の物語」15篇。女か虎か／謎のカード／園丁 他

猫語の教科書　ポール・ギャリコ　灰島かり訳

ある日、編集者の許に不思議な原稿が届けられた。それはなんと、猫が書いた猫のための「人間のしつけ方」の教科書だった……!?　（大島弓子）

ほんものの魔法使　ポール・ギャリコ　矢川澄子訳

世界の魔術師がつどう町マジェイアに、ある日、犬をつれた一人の男が現れた。どうも彼は〝本物〟らしい。ユーモア溢れる物語。　（井辻朱美）

少年キム　ラドヤード・キプリング　斎藤兆史訳

19世紀後半のインドを舞台にしたロシアとイギリスの「グレート・ゲーム」を背景に、少年キムの成長を描いた冒険小説の傑作。　（木畑洋一）

グリム童話（上）　池内紀訳

「狼と七ひきの子やぎ」「ヘンゼルとグレーテル」「灰かぶり姫」「赤ずきん」「ブレーメンの音楽隊」、新訳「コルベス氏」等32篇。新鮮な名訳が魅力だ。

グリム童話（下）　池内紀訳

「いばら姫」「白雪姫」「水のみ百姓」「きつねと猫」などに「すすまみれ悪魔の弟」など新訳6篇を加え34篇を歯切れのよい名訳で贈る。

完訳 グリム童話集（全7巻）　野村泫訳

改訂を重ねたグリム童話の決定版第七版を完訳。お馴染みの物語から知られざる名作まで全211篇。ドイツ国立図書館蔵のカラー図版多数収録。

完訳 グリム童話集1　野村泫訳

名作の評判高い物語が全20篇。「蛙の王さま」「狼と七匹の子やぎ」「忠実なヨハネス」「兄と妹」「ラプンツェル」「ヘンゼルとグレーテル」ほか。

完訳 グリム童話集2　野村泫訳

日本でもお馴染みの物語が全27篇。「灰かぶり」「ホレおばさん」「赤ずきん」「ブレーメンの音楽隊」「親指小僧」「奥さん狐の結婚式」ほか。

完訳 グリム童話集3　野村泫訳

娘や息子たちの冒険譚など全24篇。「いばら姫」「つぐみひげの王さま」「白雪姫」「恋人ローラント」「金のがちょう」「千枚皮」「うさぎのお嫁さん」ほか。

完訳 グリム童話集4　野村泫訳
ユーモラスでちょっと怖い話など全30篇。「水の精」「地のなかの小人」「がちょう番の娘」「大がらす」「びんのなかの魔物」「熊の皮を着た男」ほか。

完訳 グリム童話集5　野村泫訳
たくましい庶民の話など全29篇。「ハンスはりねずみ」「青い明かり」「三人の外科医」「シュヴァーベン人の七人組」「レタスろば」「鉄のストーブ」ほか。

完訳 グリム童話集6　野村泫訳
森の不思議がいっぱいの物語など全42篇。「鉄のハンス」「三人の黒い王女」「ジメリの山」「星の銀貨」「雪白とばら紅」「グライフ鳥」「森の家」ほか。

完訳 グリム童話集7　野村泫訳
鮮やかな名作小品30篇と「子どものための聖者伝」10篇。「お月さま」「プフリーム親方」「てんじくねずみ」「リンクランクじいさん」「金の鍵」ほか。

ギリシア神話　串田孫一
ゼウスやエロス、プシュケやアプロディテなど、人間くさい神々をめぐる複雑なドラマを、わかりやすく綴った若い人たちへの入門書。

マイケル・K　J・M・クッツェー　くぼたのぞみ訳
内戦下の南アフリカを舞台にさすらう一人の男を描く異色の小説。二〇〇三年にノーベル文学賞を受賞した著者の初期の話題作。

ケルト妖精物語　W・B・イエイツ編　井村君江編訳
群れなす妖精もいれば一人暮らしの妖精もいる。不思議な世界の住人達がいきいきと甦る。イエイツが贈るアイルランドの妖精譚の数々。

ケルト幻想物語　W・B・イエイツ編　井村君江編訳
魔女・妖精学者・悪魔・巨人・幽霊など、長い年月の間、アイルランドの人々と共に生き続けてきた超自然の生きものたちの物語。

ケルトの薄明　W・B・イエイツ　井村君江訳
無限なものへの憧れ。ケルトの哀しみ。イエイツ自身が実際に見たり聞いたりした、妖しくも美しい話ばかり40篇。（訳し下ろし）

コンラッド短篇集　ジョウゼフ・コンラッド　井上義夫編訳
倫理と規律、個人と社会制度の相克というコンラッド文学の特徴を表す「文明の前哨点」、「秘密の同居人」など五篇と訳者による丁寧な解説を収める。

チェーホフ短篇集
アントン・チェーホフ
松下裕 編訳
恋愛小説、ユーモア小説、社会小説などチェーホフの魅力を堪能できる一冊選集。少年たち／くちづけ／かわいいひと／犬をつれた奥さん／など12篇。

チェーホフ集 結末のない話
アントン・チェーホフ
松下裕 編訳
「勘定ずくの結婚」「知識階級のたわけもの」「求職」など庶民の喜怒哀楽をブラックユーモアで綴った50の短篇。本邦初訳を含む新訳で贈る。

新ナポレオン奇譚
G・K・チェスタトン
高橋康也／成田久美子訳
未来のロンドン。そこは諧謔家の国王のもと、中世の都市に逆戻りしていた……。チェスタトンのデビュー長篇小説、初の文庫化。（佐藤亜紀）

四人の申し分なき重罪人
G・K・チェスタトン
西崎憲 訳
「殺人者」「藪医者」「泥棒」「反逆者」……四人の誤解された男たちが語る、奇想天外な物語。チェスタトン円熟の傑作連作中篇集。（巽昌章）

荒涼館（全4巻）
C・ディケンズ
青木雄造他訳
上流社会、政界、官界から底辺の貧民、浮浪者まで巻き込んだ因縁の訴訟事件。小説の面白さをすべて盛り込み壮大なスケールで描いた代表作。（青木雄造）

荒涼館 1
C・ディケンズ
青木雄造他訳
エスタ。この、出生の謎をもつ美少女の語りを軸として多彩な物語が始まる。背景にある「ジャーンディス対ジャーンディス事件」とは？（青木雄造）

荒涼館 2
C・ディケンズ
青木雄造他訳
愛し合うエイダとリチャード、デッドロック家の夫妻、野心的な弁護士。主人公エスタをめぐる人々が出そろい、物語の興趣が深まる。（青木雄造）

荒涼館 3
C・ディケンズ
青木雄造他訳
アヘン中毒患者の変死、奇妙な老人の死、長くつづく訴訟にかかわる思惑。人と事件がモザイクを寄せるようにその全体を見せてくる。（青木雄造）

荒涼館 4
C・ディケンズ
青木雄造他訳
すべての謎や事件の真相が明らかになり、愛する人の死、別れをのりこえて、エスタは大きな愛につつまれる。不朽の大作、完結。（青木雄造）

バベットの晩餐会
I・ディーネセン
桝田啓介 訳
バベットが祝宴に用意した料理とは……。一九八七年アカデミー賞外国語映画賞受賞作の原作と遺作「エーレンガート」を収録。（田中優子）

ボディ・アーティスト　ドン・デリーロ　上岡伸雄訳

映画監督の夫を自殺で失ったローレン。謎の男が現われ、彼女の時間と現実が変質する。アメリカ文学の巨人デリーロが描く精緻な物語。（川上弘美）

文読む月日（上）　トルストイ　北御門二郎訳

一日一章、一年三六六章。古今東西の聖賢の名言・箴言を日々の心の糧となるよう、晩年のトルストイが心血を注いで集めた一大アンソロジー。

文読む月日（中）　トルストイ　北御門二郎訳

キリスト・仏陀・孔子・老子・プラトン・ルソー……総勢一七〇名にものぼる聖賢の名言の数々はまさに「壮観」。中巻は6月から9月までを収録。

文読む月日（下）　トルストイ　北御門二郎訳

「自分の作品は忘れられても、この本だけは残るに違いない」（トルストイ）。訳者渾身の「心訳」による「名言の森」完結篇。略年譜、索引付。

ムーミン谷のひみつ　冨原眞弓

子どもにも大人にも熱烈なファンが多いムーミン。その魅力の源泉を登場人物に即して丹念に掘り起こす、とっておきのガイドブック。イラスト多数。

ムーミンのふたつの顔　冨原眞弓

児童文学の他に漫画もアニメもあるムーミン。媒体や時期で少しずつ違うその顔を丁寧に分析し、本質に迫る。トリビア情報も満載。（梨木香歩）

ドイツ幻想小説傑作選　今泉文子編訳

魔女が跳梁し、亡霊じみた鉱夫が地底へと誘い、石像が身じろぎする——ドイツ・ロマン派の作家たちによる戦慄を呼びつつも魅惑的な幻想小説群！

ニーベルンゲンの歌　前編　石川栄作訳

中世ドイツが成立し、その後の西洋文化・芸術面に多大な影響を与えた英雄叙事詩の新訳。読みやすい訳文を心がけ、丁寧な小口注を付す。

ニーベルンゲンの歌　後編　石川栄作訳

ジークフリート暗殺の復讐には、いかに多くの勇者たちの犠牲が必要とされたことか。古代ゲルマンの強靭な精神を謳い上げて物語は完結する。

スロー・ラーナー［新装版］　トマス・ピンチョン　志村正雄訳

著者自身がまとめた初期短篇集。「謎の巨匠」がみずからの作家生活を回顧する序文を付した話題作。驚異に満ちた世界。（高橋源一郎、宮沢章夫）

競売ナンバー49の叫び
トマス・ピンチョン
志村正雄 訳
「謎の巨匠」の暗喩に満ちた迷宮世界。突然、大富豪の遺言管理執行人に指名された主人公エディパの物語。郵便ラッパとは？（巽孝之）

お菓子の髑髏
レイ・ブラッドベリ
仁賀克雄 訳
若き日のブラッドベリが探偵小説誌に発表した作品のなかから選ばれた15篇。ブラッドベリらしい、ひねりのきいたミステリ短篇集。

眺めのいい部屋
E・M・フォースター
西崎憲／中島朋子訳
フィレンツェを訪れたイギリスの令嬢ルーシーは、純粋な青年ジョージに心惹かれる。恋に悩み成長する若い女性の姿と真実の愛を描く名作ロマンス。

チャイナタウンからの葉書
R・ブローティガン
池澤夏樹 訳
アメリカ'60年代対抗文化の生んだ文学者の代表的詩集。結晶化した言葉を、訳者ならではの絶妙な名訳でお届けする。心優しい抒情に満ちた世界。

ヘミングウェイ短篇集
アーネスト・ヘミングウェイ
西崎憲 編訳
ヘミングウェイは弱く寂しい男たち、冷静で寛大な女たちを登場させ「人間であることの孤独」を描く。繊細で切れ味鋭い14の短篇を新訳で贈る。

ヒュペーリオン
ヘルダーリン
青木誠之 訳
祖国ギリシアの解放と恋人への至高の愛の相克に苦しむ青年ヒュペーリオン。生と死を詩的・汎神論的境域へ昇華する未踏の散文を、清新な新訳で。

ボードレール全詩集Ⅰ
シャルル・ボードレール
阿部良雄 訳
詩人として、批評家として、思想家として、近年重要度を増しているボードレールのテクストを世界的な学者の個人訳で集成する初の文庫版全詩集。

ボードレール全詩集Ⅱ
シャルル・ボードレール
阿部良雄 訳
パリの風物や年老いた香具師、寡婦をうたった表題の小散文詩の他、ハシーシュを論じた「人工天国」、唯一の小説「ラ・ファンファルロ」を併収。

エドガー・アラン・ポー短篇集
エドガー・アラン・ポー
西崎憲 編訳
ポーが描く恐怖と想像力の圧倒的なパワーは、時を超え深い影響を与え続ける。よりすぐりの短篇7篇を新訳で贈る。巻末に作家小伝と作品解説。

リリス
G・マクドナルド
荒俣宏 訳
闇の女王とは？　幻の土地とは？　夢に夢が重なる不思議な冒険。キャロルやトールキンも影響を受けた英国のファンタジーの傑作。（矢川澄子）

第三の書 ガルガンチュアとパンタグリュエル3
フランソワ・ラブレー 宮下志朗訳
パニュルジュが結婚を決意するも迷走、物語は夢や占いをめぐっての目くるめく言葉のアリーナと化す。浄められた〈愚者〉の世界の豊饒な魅惑。

第四の書 ガルガンチュアとパンタグリュエル4
フランソワ・ラブレー 宮下志朗訳
聖なる託宣をもとめて、パンタグリュエル一行は大航海へと船出する。宗教的〈不寛容〉の嵐の時代、痛烈な教会批判が哄笑とともに描かれる。

第五の書 ガルガンチュアとパンタグリュエル5
フランソワ・ラブレー 宮下志朗訳
フランス・ルネサンス文学の記念碑的大作、爆発的な哄笑が轟く不思議な文学世界の魅力を伝える待望の新訳、完結。奇想あふれる版画120点を収録。

恋人たち、幸せな恋人たち
ヴァレリー・ラルボー 石井啓子訳
陽光に耀く地中海のホテル、まどろむ二人の恋人を眺めながら青年は、遠い北欧の街での幸福な時間に思いを馳せる……。魅惑の作家の美しい名作二篇。

別世界物語（全3巻・分売不可）
C・S・ルイス 中村妙子他訳
香気あふれる神学的SFファンタジー。マラカンドラ（沈黙の惑星を離れて）、ペレランドラ（金星への旅）、サルカンドラ（かの忌わしき砦）。

Ai ジョン・レノンが見た日本
ジョン・レノン絵 オノ・ヨーコ序
ジョン・レノンが、絵とローマ字で日本語を学んだスケッチブック。「おだいじに」『毎日生まれかわります」などジョンが捉えた日本語の新鮮さ。

絵本ジョン・レノンセンス
ジョン・レノン 片岡義男／加藤直訳
ビートルズの天才詩人による詩とミニストーリーと絵。言葉遊び、ユーモア、風刺に満ちたファンタジー。原文付。序文＝P・マッカートニー。

ファンタジーの文法
G・ロダーリ 窪田富男訳
「どんなものにも物語はある」。ことばの使い方、物語のつくり方を通し、子どもの想像力を培い、創造力を育む方法を語る。（角野栄子）

チャタレー夫人の恋人
D・H・ロレンス 武藤浩史訳
戦場で重傷を負い、不能となった夫——喪失感を抱く夫人は森番と出会い、激しい性愛の歓びを知る。名作の魅惑を伝える、リズミカルな新訳。

ロレンス短篇集
D・H・ロレンス 井上義夫編訳
自然との特殊な共感能力と生の実質への手触りをもとに、空虚な近代合理主義に激しく警鐘を打ち鳴らしたロレンスの世界を物語る十篇を収める。

ちくま文庫

クマのプーさん　エチケット・ブック

二〇一二年六月十日　第一刷発行

原案　A・A・ミルン
絵　E・H・シェパード
編著者　メリッサ・ドーフマン・フランス
　　　　ジョーン・パワーズ
訳者　高橋早苗
発行者　熊沢敏之
発行所　株式会社　筑摩書房
　　　　東京都台東区蔵前二―五―三　〒一一一―八七五五
　　　　振替〇〇一六〇―八―四一二三
装幀者　安野光雅
印刷所　凸版印刷株式会社
製本所　凸版印刷株式会社

乱丁・落丁本の場合は、左記宛にご送付下さい。
送料小社負担でお取り替えいたします。
ご注文・お問い合わせも左記へお願いします。
筑摩書房サービスセンター
埼玉県さいたま市北区櫛引町二―六〇四　〒三三一―八五〇七
電話番号　〇四八―六五一―〇〇五三
Printed in Japan
ISBN978-4-480-42954-4　C0198